Journal créa~~tif~~Stitch

58, rue Jean Bleuzen – 92178 Vanves Cedex

Direction : Catherine Saunier-Talec
Directeur de projet : Timothée Le Mière
Responsable de projet : Mona Chardin
Direction Artistique : Mélissande Mestas
Conception intérieure et couverture : Paul Bagheri-Poubanne
Fabrication : Anne-Laure Soyez

Dépôt légal : juin 2024
63-3966-0/01
ISBN : 978-2-01-727670-8
Imprimé en Chine par TLP

Journal créa~~tif~~ Stitch

Disney

hachette
HEROES

tous les plus grands projets ont un point de départ : et si les vôtres commençaient ici ?

Ce journal est un véritable compagnon de voyage : chaque onglet vous offre une thématique à explorer. Le dernier est entièrement à vous : utilisez-le pour un thème de votre choix qui vous tient à cœur. Remplissez ce carnet avec vos rêves et vos envies, déposez-y ce qui encombre votre esprit et mettez vos idées en couleur ! Laissez-vous porter par votre imagination, et parcourez ce carnet comme bon vous semble, à la recherche de vos envies les plus précieuses. Remplissez-le en l'adaptant à votre personnalité. Et surtout, écoutez votre cœur… Pour un quotidien entre douceur et fantaisie avec Stitch !

Planifier Année ....

janvier	Février	mars
1	1	1
2	2	2
3	3	3
4	4	4
5	5	5
6	6	6
7	7	7
8	8	8
9	9	9
10	10	10
11	11	11
12	12	12
13	13	13
14	14	14
15	15	15
16	16	16
17	17	17
18	18	18
19	19	19
20	20	20
21	21	21
22	22	22
23	23	23
24	24	24
25	25	25
26	26	26
27	27	27
28	28	28
29	29	29
30		30
31		31

Vacances
Anniversaires
Activités

Avril

1	
2	
3	
4	
5	
6	
7	
8	
9	
10	
11	
12	
13	
14	
15	
16	
17	
18	
19	
20	
21	
22	
23	
24	
25	
26	
27	
28	
29	
30	

mai

1	
2	
3	
4	
5	
6	
7	
8	
9	
10	
11	
12	
13	
14	
15	
16	
17	
18	
19	
20	
21	
22	
23	
24	
25	
26	
27	
28	
29	
30	
31	

juin

1	
2	
3	
4	
5	
6	
7	
8	
9	
10	
11	
12	
13	
14	
15	
16	
17	
18	
19	
20	
21	
22	
23	
24	
25	
26	
27	
28	
29	
30	

Planifier Année ....

juillet	Août	Septembre
1	1	1
2	2	2
3	3	3
4	4	4
5	5	5
6	6	6
7	7	7
8	8	8
9	9	9
10	10	10
11	11	11
12	12	12
13	13	13
14	14	14
15	15	15
16	16	16
17	17	17
18	18	18
19	19	19
20	20	20
21	21	21
22	22	22
23	23	23
24	24	24
25	25	25
26	26	26
27	27	27
28	28	28
29	29	29
30	30	30
31	31	

Vacances
Anniversaires
Activités

Octobre	Novembre	Décembre
1	1	1
2	2	2
3	3	3
4	4	4
5	5	5
6	6	6
7	7	7
8	8	8
9	9	9
10	10	10
11	11	11
12	12	12
13	13	13
14	14	14
15	15	15
16	16	16
17	17	17
18	18	18
19	19	19
20	20	20
21	21	21
22	22	22
23	23	23
24	24	24
25	25	25
26	26	26
27	27	27
28	28	28
29	29	29
30	30	30
31		31

À réaliser cette année

- [ ]
- [ ]
- [ ]
- [ ]
- [ ]
- [ ]
- [ ]
- [ ]
- [ ]
- [ ]
- [ ]
- [ ]
- [ ]
- [ ]
- [ ]

Inspirations...

PERSONNALITÉS

- [ ]
- [ ]
- [ ]
- [ ]
- [ ]
- [ ]
- [ ]

ÉVÉNEMENTS

- [ ]
- [ ]
- [ ]
- [ ]
- [ ]
- [ ]
- [ ]

PHOTOS

Rituels des saisons

PRINTEMPS

ÉTÉ

AUTOMNE

HIVER

Objectifs mensuels

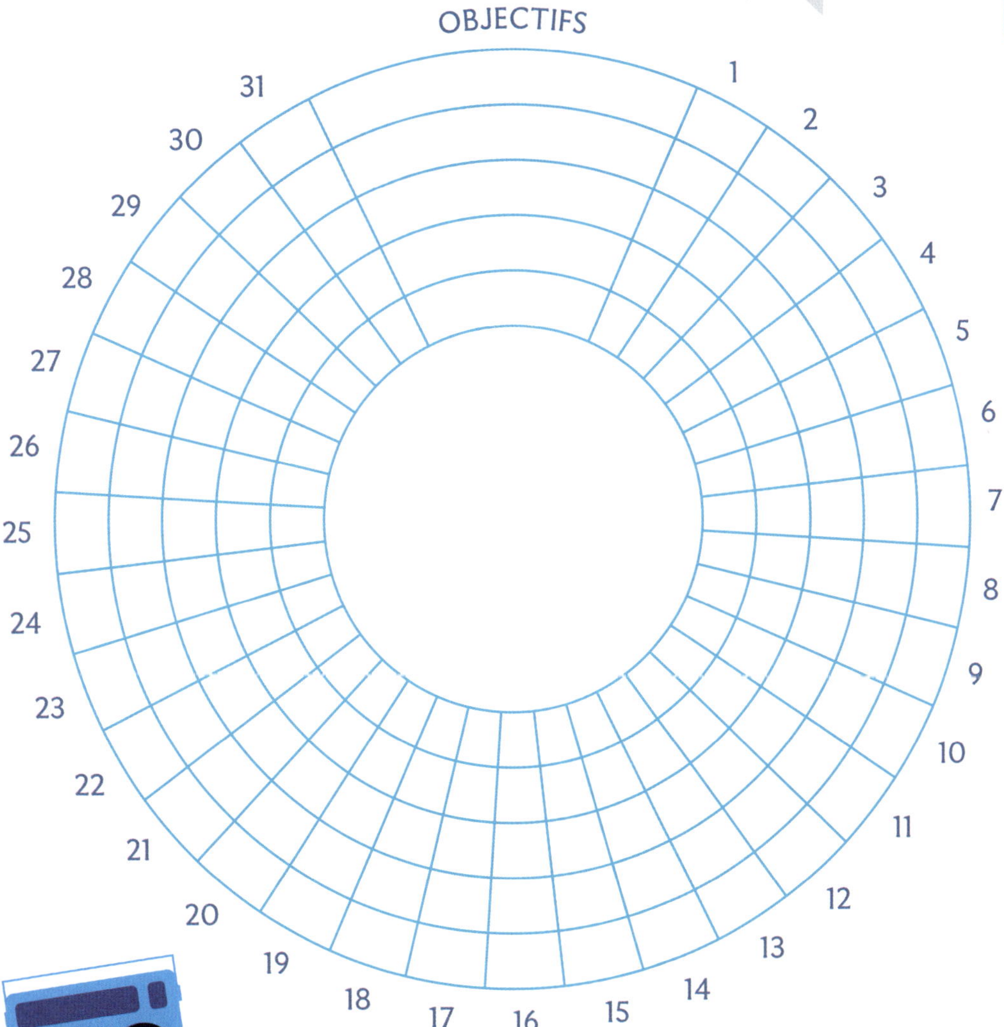

Rituels de la semaine

LUNDI

MARDI

MERCREDI

JEUDI

VENDREDI

SAMEDI

DIMANCHE

Rituels de la journée

MATIN

MIDI

APRÈS-MIDI

SOIR

NUIT

Inspirations...

Contacts importants

NOM :
TÉLÉPHONE :
ADRESSE :

NOM :
TÉLÉPHONE :
ADRESSE :

NOM :
TÉLÉPHONE :
ADRESSE :

NOM :
TÉLÉPHONE :
ADRESSE :

NOM :
TÉLÉPHONE :
ADRESSE :

NOM :
TÉLÉPHONE :
ADRESSE :

NOM :
TÉLÉPHONE :
ADRESSE :

NOM :
TÉLÉPHONE :
ADRESSE :

NOM :
TÉLÉPHONE :
ADRESSE :

NOM :
TÉLÉPHONE :
ADRESSE :

NOM :
TÉLÉPHONE :
ADRESSE :

NOM :
TÉLÉPHONE :
ADRESSE :

NOM :
TÉLÉPHONE :
ADRESSE :

NOM :
TÉLÉPHONE :
ADRESSE :

NOM :
TÉLÉPHONE :
ADRESSE :

NOM :
TÉLÉPHONE :
ADRESSE :

NOM :
TÉLÉPHONE :
ADRESSE :

NOM :
TÉLÉPHONE :
ADRESSE :

Meilleurs amis

NOM :
ANNIVERSAIRE :
AIME :
DÉTESTE :
DATES IMPORTANTES :

NOM :
ANNIVERSAIRE :
AIME :
DÉTESTE :
DATES IMPORTANTES :

NOM :
ANNIVERSAIRE :
AIME :
DÉTESTE :
DATES IMPORTANTES :

NOM :
ANNIVERSAIRE :
AIME :
DÉTESTE :
DATES IMPORTANTES :

NOM :
ANNIVERSAIRE :
AIME :
DÉTESTE :
DATES IMPORTANTES :

NOM :
ANNIVERSAIRE :
AIME :
DÉTESTE :
DATES IMPORTANTES :

NOM :
ANNIVERSAIRE :
AIME :
DÉTESTE :
DATES IMPORTANTES :

NOM :
ANNIVERSAIRE :
AIME :
DÉTESTE :
DATES IMPORTANTES :

NOM :
ANNIVERSAIRE :
AIME :
DÉTESTE :
DATES IMPORTANTES :

NOM :
ANNIVERSAIRE :
AIME :
DÉTESTE :
DATES IMPORTANTES :

NOM :
ANNIVERSAIRE :
AIME :
DÉTESTE :
DATES IMPORTANTES :

NOM :
ANNIVERSAIRE :
AIME :
DÉTESTE :
DATES IMPORTANTES :

NOM :
ANNIVERSAIRE :
AIME :
DÉTESTE :
DATES IMPORTANTES :

NOM :
ANNIVERSAIRE :
AIME :
DÉTESTE :
DATES IMPORTANTES :

Idées cadeaux
à m'offrir

- [ ]
- [ ]
- [ ]
- [ ]
- [ ]
- [ ]
- [ ]
- [ ]
- [ ]
- [ ]
- [ ]
- [ ]
- [ ]
- [ ]
- [ ]

À M'OFFRIR DANS 1 AN

- [ ]
- [ ]
- [ ]
- [ ]

À M'OFFRIR DANS ANS

- [ ]
- [ ]
- [ ]
- [ ]
- [ ]
- [ ]

NOTES...

PLANIFIER

Idées cadeaux à offrir

À OFFRIR À :

- ☐
- ☐
- ☐
- ☐

À OFFRIR À :

- ☐
- ☐
- ☐

À OFFRIR À :

- ☐
- ☐
- ☐
- ☐

À OFFRIR À :

- [ ]
- [ ]
- [ ]
- [ ]

À OFFRIR À :

- [ ]
- [ ]
- [ ]
- [ ]
- [ ]

À OFFRIR À :

- [ ]
- [ ]
- [ ]
- [ ]
- [ ]

To-do list
du jour

- [ ]
- [ ]
- [ ]
- [ ]
- [ ]
- [ ]
- [ ]
- [ ]

- [ ]
- [ ]
- [ ]
- [ ]
- [ ]
- [ ]
- [ ]
- [ ]

- [ ]
- [ ]
- [ ]
- [ ]
- [ ]
- [ ]
- [ ]
- [ ]

- [ ]
- [ ]
- [ ]
- [ ]
- [ ]
- [ ]
- [ ]
- [ ]

To-do list de l'année

To-do list
des 5 prochaines années

- [ ]
- [ ]
- [ ]
- [ ]
- [ ]
- [ ]

- [ ]
- [ ]
- [ ]
- [ ]
- [ ]
- [ ]

- [ ]
- [ ]
- [ ]
- [ ]
- [ ]
- [ ]
- [ ]

- [ ]
- [ ]
- [ ]
- [ ]
- [ ]
- [ ]
- [ ]

Notes et idées astucieuses

Notes et idées géniales

Notes et idées fantas~~tiques~~ Stitch

Se divertir Année ....

janvier		Février		mars	
1		1		1	
2		2		2	
3		3		3	
4		4		4	
5		5		5	
6		6		6	
7		7		7	
8		8		8	
9		9		9	
10		10		10	
11		11		11	
12		12		12	
13		13		13	
14		14		14	
15		15		15	
16		16		16	
17		17		17	
18		18		18	
19		19		19	
20		20		20	
21		21		21	
22		22		22	
23		23		23	
24		24		24	
25		25		25	
26		26		26	
27		27		27	
28		28		28	
29		29		29	
30				30	
31				31	

Cinéma
Lecture
Soirées entre amis

Avril	Mai	Juin
1	1	1
2	2	2
3	3	3
4	4	4
5	5	5
6	6	6
7	7	7
8	8	8
9	9	9
10	10	10
11	11	11
12	12	12
13	13	13
14	14	14
15	15	15
16	16	16
17	17	17
18	18	18
19	19	19
20	20	20
21	21	21
22	22	22
23	23	23
24	24	24
25	25	25
26	26	26
27	27	27
28	28	28
29	29	29
30	30	30
	31	

Se divertir Année ....

juillet	Août	Septembre
1	1	1
2	2	2
3	3	3
4	4	4
5	5	5
6	6	6
7	7	7
8	8	8
9	9	9
10	10	10
11	11	11
12	12	12
13	13	13
14	14	14
15	15	15
16	16	16
17	17	17
18	18	18
19	19	19
20	20	20
21	21	21
22	22	22
23	23	23
24	24	24
25	25	25
26	26	26
27	27	27
28	28	28
29	29	29
30	30	30
31	31	

Cinéma
Soirées entre amis
Lecture

SE DIVERTIR

Octobre	Novembre	Décembre
1	1	1.
2	2	2
3	3	3
4	4	4
5	5	5
6	6	6
7	7	7
8	8	8
9	9	9
10	10	10
11	11	11
12	12	12
13	13	13
14	14	14
15	15	15
16	16	16
17	17	17
18	18	18
19	19	19
20	20	20
21	21	21
22	22	22
23	23	23
24	24	24
25	25	25
26	26	26
27	27	27
28	28	28
29	29	29
30	30	30
31		31

Films et séries à voir absolument

- [ ]
- [ ]
- [ ]
- [ ]

- [ ]
- [ ]
- [ ]

- [ ]
- [ ]
- [ ]
- [ ]

Films et séries vus cette année

LES MEILLEURS

TITRE :

RÉSUMÉ :

NOTE :

TITRE :

RÉSUMÉ :

NOTE :

TITRE :

RÉSUMÉ :

NOTE :

TITRE :

RÉSUMÉ :

NOTE :

TITRE :

RÉSUMÉ :

NOTE :

TITRE :

RÉSUMÉ :

NOTE :

TITRE :

RÉSUMÉ :

NOTE :

TITRE :

RÉSUMÉ :

NOTE :

TITRE :

RÉSUMÉ :

NOTE :

TITRE :

RÉSUMÉ :

NOTE :

TITRE :

RÉSUMÉ :

NOTE :

TITRE :

RÉSUMÉ :

NOTE :

TITRE :

RÉSUMÉ :

NOTE :

SE DIVERTIR

TITRE :

RÉSUMÉ :

NOTE :

TITRE :

RÉSUMÉ :

NOTE :

Livres à lire absolument

Livres lus cette année

LES MEILLEURS

TITRE :

RÉSUMÉ :

NOTE : ☆☆☆☆☆

TITRE :

RÉSUMÉ :

NOTE : ☆☆☆☆☆

TITRE :

RÉSUMÉ :

NOTE : ☆☆☆☆☆

TITRE :

RÉSUMÉ :

NOTE :

TITRE :

RÉSUMÉ :

NOTE :

TITRE :

RÉSUMÉ :

NOTE :

TITRE :

RÉSUMÉ :

NOTE :

SE DIVERTIR

TITRE :

RÉSUMÉ :

NOTE : ☆☆☆☆☆

TITRE :

RÉSUMÉ :

NOTE : ☆☆☆☆☆

TITRE :

RÉSUMÉ :

NOTE : ☆☆☆☆☆

TITRE :

RÉSUMÉ :

NOTE : ☆☆☆☆☆

TITRE :

RÉSUMÉ :

NOTE :

TITRE :

RÉSUMÉ :

NOTE :

TITRE :

RÉSUMÉ :

NOTE :

TITRE :

RÉSUMÉ :

NOTE :

Mes films, séries et chansons
préférés de tous les temps

TITRE :
RÉSUMÉ :

NOTE :

TITRE :
RÉSUMÉ :

NOTE :

TITRE :
RÉSUMÉ :

NOTE :

TITRE :
RÉSUMÉ :

NOTE :

TITRE :

RÉSUMÉ :

NOTE : ☆☆☆☆☆

TITRE :

RÉSUMÉ :

NOTE : ☆☆☆☆☆

TITRE :

RÉSUMÉ :

NOTE : ☆☆☆☆☆

TITRE :

RÉSUMÉ :

NOTE : ☆☆☆☆☆

TITRE :

RÉSUMÉ :

NOTE : ☆☆☆☆☆

TITRE :

RÉSUMÉ :

NOTE : ☆☆☆☆☆

TITRE :

RÉSUMÉ :

NOTE : ☆☆☆☆☆

TITRE :

RÉSUMÉ :

NOTE : ☆☆☆☆☆

TITRE :

RÉSUMÉ :

NOTE :

TITRE :

RÉSUMÉ :

NOTE :

TITRE :

RÉSUMÉ :

NOTE :

TITRE :

RÉSUMÉ :

NOTE :

Ma playlist idéale

TRISTE

- [ ]
- [ ]
- [ ]
- [ ]
- [ ]
- [ ]
- [ ]
- [ ]
- [ ]
- [ ]
- [ ]
- [ ]
- [ ]

JOYEUSE

SE DIVERTIR

Ma playlist idéale

DU PRINTEMPS

- [ ]
- [ ]
- [ ]
- [ ]
- [ ]
- [ ]

DE L'ÉTÉ

- [ ]
- [ ]
- [ ]
- [ ]
- [ ]
- [ ]

DE L'AUTOMNE

- [ ]
- [ ]
- [ ]
- [ ]
- [ ]
- [ ]
- [ ]

DE L'HIVER

- [ ]
- [ ]
- [ ]
- [ ]
- [ ]
- [ ]
- [ ]

DE TOUS LES TEMPS

☐

☐

☐

☐

☐

☐

☐

☐

☐

☐

☐

☐

☐

☐

☐

☐

Croquis et griffonages pour se détendre

Croquis et griffonages pour se concentrer

Croquis et griffonages pour rêver

Notes et idées inspirantes

Notes et idées épatantes

Notes et idées artis~~tiques~~ Stitch

Se connaître Année ....

janvier		Février		mars	
1		1		1	
2		2		2	
3		3		3	
4		4		4	
5		5		5	
6		6		6	
7		7		7	
8		8		8	
9		9		9	
10		10		10	
11		11		11	
12		12		12	
13		13		13	
14		14		14	
15		15		15	
16		16		16	
17		17		17	
18		18		18	
19		19		19	
20		20		20	
21		21		21	
22		22		22	
23		23		23	
24		24		24	
25		25		25	
26		26		26	
27		27		27	
28		28		28	
29		29		29	
30				30	
31				31	

Anniversaire & fête
Nouvelles rencontres
Dates importantes

Avril	Mai	Juin
1	1	1
2	2	2
3	3	3
4	4	4
5	5	5
6	6	6
7	7	7
8	8	8
9	9	9
10	10	10
11	11	11
12	12	12
13	13	13
14	14	14
15	15	15
16	16	16
17	17	17
18	18	18
19	19	19
20	20	20
21	21	21
22	22	22
23	23	23
24	24	24
25	25	25
26	26	26
27	27	27
28	28	28
29	29	29
30	30	30
	31	

Se connaître Année ....

juillet	Août	Septembre
1	1	1
2	2	2
3	3	3
4	4	4
5	5	5
6	6	6
7	7	7
8	8	8
9	9	9
10	10	10
11	11	11
12	12	12
13	13	13
14	14	14
15	15	15
16	16	16
17	17	17
18	18	18
19	19	19
20	20	20
21	21	21
22	22	22
23	23	23
24	24	24
25	25	25
26	26	26
27	27	27
28		28
29	29	29
30	30	30
31	31	

Anniversaire & fête
Nouvelles rencontres
Dates importantes

Octobre

1	
2	
3	
4	
5	
6	
7	
8	
9	
10	
11	
12	
13	
14	
15	
16	
17	
18	
19	
20	
21	
22	
23	
24	
25	
26	
27	
28	
29	
30	
31	

Novembre

1	
2	
3	
4	
5	
6	
7	
8	
9	
10	
11	
12	
13	
14	
15	
16	
17	
18	
19	
20	
21	
22	
23	
24	
25	
26	
27	
28	
29	
30	

Décembre

1	
2	
3	
4	
5	
6	
7	
8	
9	
10	
11	
12	
13	
14	
15	
16	
17	
18	
19	
20	
21	
22	
23	
24	
25	
26	
27	
28	
29	
30	
31	

Tracker d'humeur

- Bonheur
- Colère
- Fatigue
- Amour

	1	2	3	4	5	6	7	8	9	10	11	12	13	14	15
janvier	☐	☐	☐	☐	☐	☐	☐	☐	☐	☐	☐	☐	☐	☐	☐
février	☐	☐	☐	☐	☐	☐	☐	☐	☐	☐	☐	☐	☐	☐	☐
mars	☐	☐	☐	☐	☐	☐	☐	☐	☐	☐	☐	☐	☐	☐	☐
avril	☐	☐	☐	☐	☐	☐	☐	☐	☐	☐	☐	☐	☐	☐	☐
mai	☐	☐	☐	☐	☐	☐	☐	☐	☐	☐	☐	☐	☐	☐	☐
juin	☐	☐	☐	☐	☐	☐	☐	☐	☐	☐	☐	☐	☐	☐	☐
juillet	☐	☐	☐	☐	☐	☐	☐	☐	☐	☐	☐	☐	☐	☐	☐
août	☐	☐	☐	☐	☐	☐	☐	☐	☐	☐	☐	☐	☐	☐	☐
septembre	☐	☐	☐	☐	☐	☐	☐	☐	☐	☐	☐	☐	☐	☐	☐
octobre	☐	☐	☐	☐	☐	☐	☐	☐	☐	☐	☐	☐	☐	☐	☐
novembre	☐	☐	☐	☐	☐	☐	☐	☐	☐	☐	☐	☐	☐	☐	☐
décembre	☐	☐	☐	☐	☐	☐	☐	☐	☐	☐	☐	☐	☐	☐	☐

Productivité
Révolte
Paresse

16 17 18 19 20 21 22 23 24 25 26 27 28 29 30 31

SE CONNAÎTRE

Personnalité

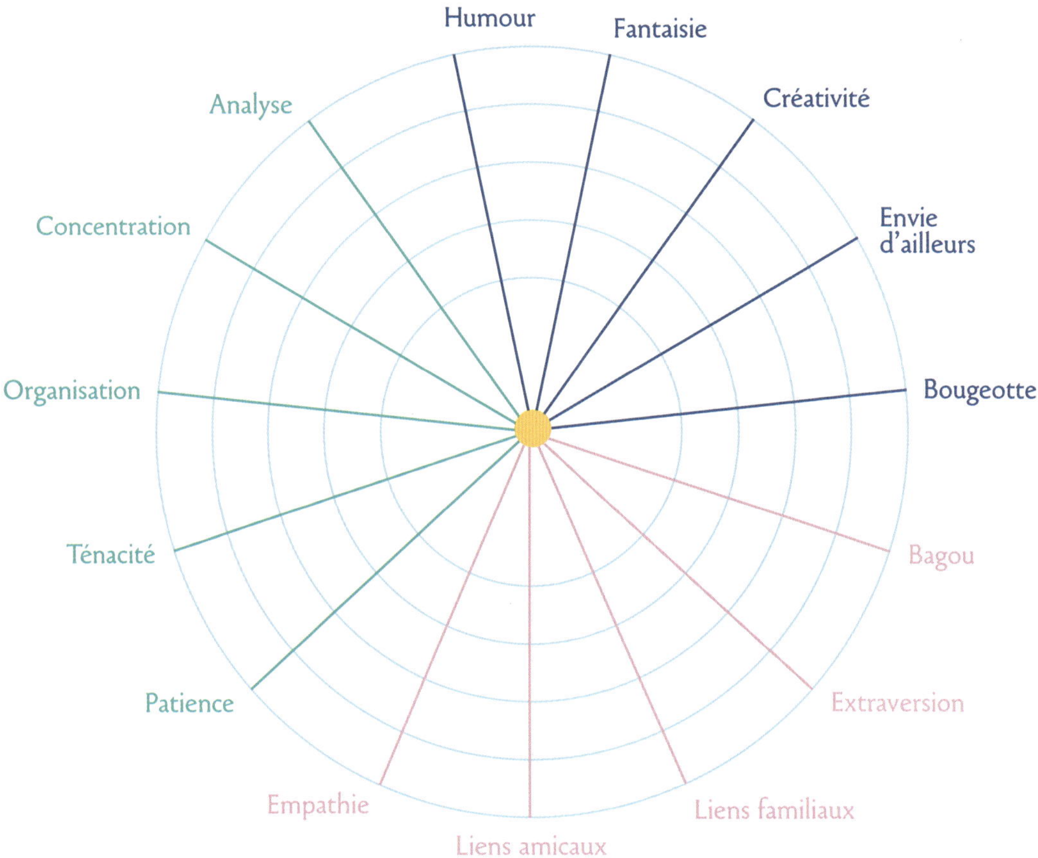

Pensées positives
et idées joyeuses

- [ ]
- [ ]
- [ ]
- [ ]
- [ ]
- [ ]
- [ ]
- [ ]
- [ ]
- [ ]
- [ ]
- [ ]
- [ ]
- [ ]

Secrets bien gardés

- [ ]
- [ ]
- [ ]
- [ ]
- [ ]
- [ ]
- [ ]
- [ ]
- [ ]
- [ ]
- [ ]
- [ ]
- [ ]
- [ ]

Horoscope

Date de naissance : ..... / ..... / ....

SIGNE ASTROLOGIQUE

Description :

ASCENDANT

Description :

PETITS DÉFAUTS

- [ ]
- [ ]
- [ ]
- [ ]
- [ ]
- [ ]
- [ ]

GRANDES QUALITÉS

- [ ]
- [ ]
- [ ]
- [ ]
- [ ]
- [ ]
- [ ]

Objectifs personnels

OBJECTIFS PERSONNELS

MÉTIERS DE RÊVE

- [ ]
- [ ]
- [ ]
- [ ]
- [ ]
- [ ]
- [ ]
- [ ]
- [ ]
- [ ]
- [ ]
- [ ]
- [ ]
- [ ]
- [ ]
- [ ]

Rêves et cauchemars à raconter

DATE : ...

DESCRIPTION DE RÊVE : ...

...

...

...

RESSENTI AU RÉVEIL : ...

...

...

ANALYSE : ...

...

...

DATE : ...

DESCRIPTION DE RÊVE : ...

...

...

...

RESSENTI AU RÉVEIL : ...

...

...

ANALYSE : ...

...

...

...

DATE : ....

DESCRIPTION DE RÊVE : ....

....

....

....

RESSENTI AU RÉVEIL : ....

....

....

....

ANALYSE : ....

....

....

....

....

DATE : ....

DESCRIPTION DE RÊVE : ....

....

....

....

RESSENTI AU RÉVEIL : ....

....

....

....

ANALYSE : ....

....

....

....

....

DATE : ....

DESCRIPTION DE RÊVE : ....

....

....

....

RESSENTI AU RÉVEIL : ....

....

....

....

ANALYSE : ....

....

....

....

....

DATE : ....

DESCRIPTION DE RÊVE : ....

....

....

....

RESSENTI AU RÉVEIL : ....

....

....

....

ANALYSE : ....

....

....

....

....

DATE : ....

DESCRIPTION DE RÊVE : ....

....

....

....

RESSENTI AU RÉVEIL : ....

....

....

....

ANALYSE : ....

....

....

....

....

DATE : ....

DESCRIPTION DE RÊVE : ....

....

....

....

RESSENTI AU RÉVEIL : ....

....

....

....

ANALYSE : ....

....

....

....

....

Souvenirs d'enfance

Souvenirs de l'année

Rencontres de l'année

NOM : ....

....

DÉTAIL DE LA RENCONTRE :

....

NOM : ....

....

DÉTAIL DE LA RENCONTRE :

....

NOM : ....

....

DÉTAIL DE LA RENCONTRE :

....

NOM : ....

....

DÉTAIL DE LA RENCONTRE :

....

AMIS À RENCONTRER

- [ ]
- [ ]
- [ ]
- [ ]
- [ ]
- [ ]
- [ ]

AMIS À PRÉSENTER

- [ ]
- [ ]
- [ ]
- [ ]
- [ ]
- [ ]
- [ ]

Notes et idées personnelles

Notes et idées abracadabrantes

Notes et idées cathar~~tiques~~stitch

Imaginer Année ....

janvier		Février		mars	
1		1		1	
2		2		2	
3		3		3	
4		4		4	
5		5		5	
6		6		6	
7		7		7	
8		8		8	
9		9		9	
10		10		10	
11		11		11	
12		12		12	
13		13		13	
14		14		14	
15		15		15	
16		16		16	
17		17		17	
18		18		18	
19		19		19	
20		20		20	
21		21		21	
22		22		22	
23		23		23	
24		24		24	
25		25		25	
26		26		26	
27		27		27	
28		28		28	
29		29		29	
30				30	
31				31	

Création ☐ Rencontre inspirante ☐ ☐
Nouvel apprentissage ☐ ☐ ☐

Avril	Mai	Juin
1	1	1
2	2	2
3	3	3
4	4	4
5	5	5
6	6	6
7	7	7
8	8	8
9	9	9
10	10	10
11	11	11
12	12	12
13	13	13
14	14	14
15	15	15
16	16	16
17	17	17
18	18	18
19	19	19
20	20	20
21	21	21
22	22	22
23	23	23
24	24	24
25	25	25
26	26	26
27	27	27
28	28	28
29	29	29
30	30	30
	31	

Imaginer Année ....

juillet	
1	
2	
3	
4	
5	
6	
7	
8	
9	
10	
11	
12	
13	
14	
15	
16	
17	
18	
19	
20	
21	
22	
23	
24	
25	
26	
27	
28	
29	
30	
31	

Août	
1	
2	
3	
4	
5	
6	
7	
8	
9	
10	
11	
12	
13	
14	
15	
16	
17	
18	
19	
20	
21	
22	
23	
24	
25	
26	
27	
28	
29	
30	
31	

Septembre	
1	
2	
3	
4	
5	
6	
7	
8	
9	
10	
11	
12	
13	
14	
15	
16	
17	
18	
19	
20	
21	
22	
23	
24	
25	
26	
27	
28	
29	
30	

Création
Nouvel apprentissage
Rencontre inspirante

Octobre	Novembre	Décembre
1	1	1
2	2	2
3	3	3
4	4	4
5	5	5
6	6	6
7	7	7
8	8	8
9	9	9
10	10	10
11	11	11
12	12	12
13	13	13
14	14	14
15	15	15
16	16	16
17	17	17
18	18	18
19	19	19
20	20	20
21	21	21
22	22	22
23	23	23
24	24	24
25	25	25
26	26	26
27	27	27
28	28	28
29	29	29
30	30	30
31		31

Idée de livre

- [ ] Roman
- [ ] BD
- [ ] Nouvelle
- [ ] Manga
- [ ] Poésie
- [ ] ....

AUTRES LIVRES INSPIRANTS

- [ ] ____________________
- [ ] ____________________
- [ ] ____________________
- [ ] ____________________
- [ ] ____________________
- [ ] ____________________
- [ ] ____________________
- [ ] ____________________
- [ ] ____________________
- [ ] ____________________

CITATIONS INSPIRANTES d'autres livres

NOMS ET DESCRIPTIONS de personnages

LIEUX

INTRIGUE

IMAGINER

PREMIER CHAPITRE

PLAN PAR CHAPITRE

PHRASES DE FIN possibles...

Idées de voyages

COMPAGNONS DE VOYAGE

ITINÉRAIRES

PLATS À GOÛTER absolument

- [ ]
- [ ]
- [ ]
- [ ]
- [ ]
- [ ]
- [ ]

LIEUX À VISITER dès que possible

- [ ]
- [ ]
- [ ]
- [ ]
- [ ]
- [ ]
- [ ]

Vocabulaire
à traduire

bonjour

au revoir

s'il vous plaît

merci

ADMINISTRATIF

- [ ]
- [ ]
- [ ]
- [ ]
- [ ]
- [ ]

VACCINS

- [ ]
- [ ]
- [ ]
- [ ]
- [ ]
- [ ]

À METTRE DANS LA VALISE

- [ ]
- [ ]
- [ ]
- [ ]
- [ ]
- [ ]
- [ ]
- [ ]
- [ ]
- [ ]
- [ ]
- [ ]
- [ ]
- [ ]
- [ ]
- [ ]

La maison idéale

PAYS, VILLE

☐ chalet ☐ Manoir ☐ cabane dans un arbre

☐ Vaisseau spatial ☐ ....

NOMBRE DE PIÈCES

HABITANTS

PLAN

Ambiance et décoration

Découper/coller ici ses idées et inspirations

CROQUIS ET DESSINS

IMAGINER

Le tube de l'année

- [ ] Pop
- [ ] Electro
- [ ] Rock
- [ ] RnB
- [ ] Classique
- [ ] Folk
- [ ] Rap
- [ ] Metal
- [ ] ....

CHANSONS d'inspiration

- [ ]
- [ ]
- [ ]
- [ ]
- [ ]
- [ ]
- [ ]
- [ ]
- [ ]
- [ ]

PAROLES

IMAGINER

PAROLES

DESCRIPTION DU CLIP

Projet d'art

☐ peinture ☐ crayon ☐ collage
☐ aquarelle ☐ ....

PALETTES DE COULEURS

les couleurs de Stitch !

ŒUVRES D'INSPIRATION

CROQUIS ET ESQUISSES

IMAGINER

Notes et idées innovantes

Notes et idées d'ailleurs

Notes et idées chao~~tiques~~ Stitch

IMAGINER

Année ....

janvier		Février		mars	
1		1		1	
2		2		2	
3		3		3	
4		4		4	
5		5		5	
6		6		6	
7		7		7	
8		8		8	
9		9		9	
10		10		10	
11		11		11	
12		12		12	
13		13		13	
14		14		14	
15		15		15	
16		16		16	
17		17		17	
18		18		18	
19		19		19	
20		20		20	
21		21		21	
22		22		22	
23		23		23	
24		24		24	
25		25		25	
26		26		26	
27		27		27	
28		28		28	
29		29		29	
30				30	
31				31	

Avril	mai	juin
1	1	1
2	2	2
3	3	3
4	4	4
5	5	5
6	6	6
7	7	7
8	8	8
9	9	9
10	10	10
11	11	11
12	12	12
13	13	13
14	14	14
15	15	15
16	16	16
17	17	17
18	18	18
19	19	19
20	20	20
21	21	21
22	22	22
23	23	23
24	24	24
25	25	25
26	26	26
27	27	27
28	28	28
29	29	29
30	30	30
	31	

Année ....

juillet	Août	Septembre
1	1	1
2	2	2
3	3	3
4	4	4
5	5	5
6	6	6
7	7	7
8	8	8
9	9	9
10	10	10
11	11	11
12	12	12
13	13	13
14	14	14
15	15	15
16	16	16
17	17	17
18	18	18
19	19	19
20	20	20
21	21	21
22	22	22
23	23	23
24	24	24
25	25	25
26	26	26
27	27	27
28	28	28
29	29	29
30	30	30
31	31	

octobre

1	
2	
3	
4	
5	
6	
7	
8	
9	
10	
11	
12	
13	
14	
15	
16	
17	
18	
19	
20	
21	
22	
23	
24	
25	
26	
27	
28	
29	
30	
31	

Novembre

1	
2	
3	
4	
5	
6	
7	
8	
9	
10	
11	
12	
13	
14	
15	
16	
17	
18	
19	
20	
21	
22	
23	
24	
25	
26	
27	
28	
29	
30	

Décembre

1	
2	
3	
4	
5	
6	
7	
8	
9	
10	
11	
12	
13	
14	
15	
16	
17	
18	
19	
20	
21	
22	
23	
24	
25	
26	
27	
28	
29	
30	
31	

NOTES

NOTES

NOTES

NOTES

NOTES

Bilan

RÉUSSITES

ÉCHECS

IDÉES POUR l'année prochaine

sur ma planète

sur ma planète

FANTAStitch

important

important

j'ai toujours raison

sur ma planète

important

important

important

important

j'ai toujours raison

j'ai toujours raison

FANTAStitch

adoptez-moi
n° 1
sur ma planète
Stitch
je préfère
ne pas y penser
important
FANTAStitch
sur ma
planète
je préfère
ne pas y penser
problème pour
un autre jour
problème pour
un autre jour